Carmen Voss

Phönix

Carmen Voss

Phönix

Lyrik und Texte

Impressum

Bibliografische Information der Deutschen Nationalbibliothek:
Die Deutsche Nationalbibliothek verzeichnet diese Publikation in der Deutschen Nationalbibliografie; detaillierte bibliografische Daten sind im Internet über http://dnb.dnb.de abrufbar.

Korrektur und Endkontrolle: Dorothea Voss
Coverlayout: Carmen Voss, Dorotha Voss

Titelbild: iStock

Herstellung und Verlag: BoD – Books on Demand, Norderstedt

ISBN: 978-3-7534-6203-5

„Am Ende wird alles gut.
Und wenn es nicht gut wird,
ist es noch nicht das Ende."

Oscar Wilde

Ich widme dieses Buch meiner Tochter Luca und meinem Sohn Niklas – für die ich immer wieder wie ein Phönix aus der Asche auferstehen würde und meiner Mutter Dorothea, die mir stets ein Fels in der Brandung ist.

Inhalt

Wir

Wir waren wie Sommerferientage,

waren uns so nah

wie Salz auf erhitzter Haut

in glutheißen Nächten,

von denen wir dachten,

sie würden ewig währen.

Unbeschwert

die Leichtigkeit lebend.

Im Licht der untergehenden Sonne

verzehrten wir uns,

so lange, bis nichts mehr blieb.

Sehnsuchtswellen

Plitsch Platsch

schlagen die Sehnsuchtswellen

an meine Herzwände

In einem anderen Leben

wäre es ein perfekter Tag

doch die Sehnsuchtswellen

lassen einfach nicht nach

Plitsch Platsch

in kleinen Schüben

kommen sie heran

Immer wenn die Trauer überwiegt

schieben sich die Bilder des Verrats

vor meine rosarote Brille

dann, wenn der Himmel seine Bläue verliert

und das Grau überhand nimmt

Plitsch Platsch

33 Wellen wie Hiebe

jede Welle für ein Jahr

Sehnsuchtswellen

Herzbrandung

sogar der See ist

heute anders

Aufbruch (1)

Dein Ausbruch

war mein Aufbruch

in eine neue Zeit

Wieder...

Wieder sitze ich hier

und schreibe

diesmal

ohne Wein und Kerzenlicht.

Kein Zigarettenrauch

schon lange nicht mehr.

Im Rückblick erkenne ich

wiederkehrende Muster.

Der Kummer

geht nicht mehr so tief,

die Sehnsucht jedoch bleibt

und der Hunger

nach Leben.

Der Sehnsucht entgegen

Irgendwann war es an der Zeit loszulassen.

Alte Träume zu tauschen

gegen neue Sehnsüchte.

Neue Wege zu beschreiten

ohne die alten, lieb gewonnen Pfade gänzlich zu

vergessen - und so ließ ich los.

Zentimeter für Zentimeter

trennte ich die Fasern,

die das eine

mit dem anderen Leben verbunden hatten ab.

Blutende Herzwunden klafften auf

und verschlossen sich.

Überwachsen von feiner neuer Haut

war das Herz nun stärker und schöner als je zuvor.

Schmerz und Verrat wurden verpackt

in kleine quadratische Kästchen,

ein jedes für sich sorgfältig verriegelt

und in eine fensterlose Kammer gestellt.

So verborgen mögen sie nun ruhen

bis zum jüngsten Tag.

Bald schon wird Frühling sein

und dann Sommer

und Abende voller Gluthitze und Wein

und ich werde aufbrechen,

der *Sehnsucht* entgegen.

Leben!

Mein Schatz

ironisch gemeint

ich bin viel zu sehr

mit **Leben** beschäftigt

um mir die Finger

weiterhin

an deinen Scherben

blutig zu schneiden

Lebenslinien

Meine Lebenslinien

sind nicht länger

mit deiner Haut

verwachsen

Zwischenraumleben

Ein bisschen ist es so

als befinde ich mich

zwischen zwei Seiten in einem Buch

oder *zwischen zwei Leben*

als hätte ich mich verlaufen

und aufgegeben

oder aufgegeben

das Leben zu suchen

Zwischenraum-Leben

Zwischen-Raum-Leben

lebe ich zwischen zwei Leben

fülle meine Räume mit Träumen

zwischen zwei Räumen ist so viel Platz

für neue Träume

und so viel Leben in mir

und es ist gut so wie es ist

für den Moment

bis sich neue Seiten finden

zwischen die ich mich leben kann

deren Räume ich erforschen werde

Zwischenräume

und ich glaube

alles wird gut

und so fülle ich mein Leben

mit Leben

Schatten

Wie vieler Gedichte bedarf es wohl,

dich herauszuschreiben

aus meinem Leben?

Bis nur noch ein Schatten bleibt,

schwindende Tinte auf grauem Papier.

Verbrannt

Ich wollte

Feuer,

doch verbrannte ich mich

an deinem Eis.

Jenseits aller Worte

Jenseits aller Worte

das Vergessen suchen

zerrissene Bande

mit blutigen Rändern

bleiben unberührt

zu tief der Riss

durch alle Strukturen

bis in den tiefsten Kern

doch jenseits aller Worte

beginnt das Leben neu

Dein Name (1)

Dein Name

altvertraut

der Klang deiner Silben

ist nunmehr

ein Fremdwort

in meinem Vokabular

Was ich mir wünsche

Ich wünsche mir

Mut

neue Wege zu beschreiten

Stärke

nicht umzukehren

Hoffnung

für alle Tage

und *Liebe*

für immer an meiner Seite

Achterbahn

Schlaflos

zähle ich Sekunden

wie Tage

in der Achterbahn

(m)einer neuen Welt

Aufbruch (2)

„Wer bist du?"
fragte der Nordwind
„ich weiß es nicht mehr"
antwortete ich.

„Wie ist dein Name?"
säuselte der Südwind,
„ich habe ihn vergessen"
sprach ich.

„Woher kommst du?"
haucht der Westwind,
„ich denke, ich war immer schon da"
entgegnete ich.

„Wohin wirst du gehen?"

wollte der Ostwind wissen.

„Wohin soll ich gehn´?"

flüsterte ich.

Dann brach ich auf.

Stürzen

in die Bodenlosigkeit

mit dem Rücken zu dir

damit du nicht siehst

mich nicht siehst

wie ich falle

die Hände blutig gerissen

an deiner kalten Seele

und doch

immer noch

funkelt das Licht der Sterne

in meinen Augen

Schlusspunkt

Wo abgetrennte Fäden

plötzlich

für immer enden,

zwischen meinen Fingern

zerfasern.

Licht

Dorthin

wo mehr Licht ist

als Schatten

werde ich gehn'

alles Dunkle

lasse ich zurück

auch dich

Feuervogel

Wieder wandle ich mich.

Gebranntes Kind

dass durch Feuer geht.

Feuervogel

der sich erhebt.

Dieser Sommer

Dieser Sommer

mit nie enden wollenden Nächten

Kampf um Kampf

und Salz auf staubigen Wegen

Vergessen und Wut

meine neuen Begleiter

einmal mehr

gehe ich den Weg allein

einmal mehr

weiche ich zurück

steige mit großen Schritten

über gebrochene Worte

dieser Sommer

mit seinen verdammten Nächten

ist nun endgültig vorbei

Aufbruch (3)

Mein neues Leben
erwartet mich schon.
Noch ist die Haut
über Herzwunden
zartfein wie Pergament,
doch meine Seele leuchtet wieder
in ihren allerschönsten Farben.
Eingetaucht in helles Licht
verlangt es ihr nach *mehr*
und die Sehnsucht gewinnt.
Leben ist jetzt!

Leben

Schmerzlich schön

dieser andere Weg

unbeschritten

von dir

öffnen sich mir nun

Türen und Herzen

und ich

umarme das Leben neu

Flügel (1)

Mir wachsen Flügel

ganz zart nur

spüre ich

ihre Spitzen

während ich schwebe

ein Stückchen nur

über dem Boden

doch fühle ich

bereits die kühle Luft

unter meinen Füßen

Ich

Eine Zeitlang folgte ich der Sehnsucht,
die mich auf holprigen Wegen
in die Fremde führen wollte.

Dann versuchte ich der Liebe zu folgen,
doch der Weg zu ihr
war verworren und voller Steine.

Lügenfratzen
säumten ihren Weg.

Nun folge ich mir selbst.

Eine Weile nur,
bis ich mich finde und heile.

Während ich heile,
genüge ich mir und der Sehnsucht.
Und es ist gut so.

Flügel (2)

Mit meinen neuen Flügeln
ist das Leben nun leichter.
Am Anfang noch unsicher,
strecke ich nun an manchen Tagen
die Flügelspitzen in die Sonne.
Fühle den lauen Wind und die Freiheit
wie ein Versprechen.

Schlaflos

Ich schlafe nicht

weil ich denke

zu viel an morgen

zu wenig an mich

gar nicht an dich

und weil ich nicht

an dich denke

denke ich

an all die Möglichkeiten

und die Leben

die ich führen könnte

weil deine Tür zu ist

und mein Raum offen

und ich denke

statt zu schlafen

und träume

mit offenen Augen

und sehe Dinge

die du nicht siehst

und Menschen

die du nicht bist

und mich

wie ich sie lieben werde

Was ich gelernt habe...

Manche Dinge sind wie sie sind

und *nichts* kann sie ändern.

Menschen kommen -

nicht immer um zu bleiben.

Ich *kann* mir selbst vertrauen.

Immer!

Ich *will* dir vertrauen.

Wald ist nicht immer die Lösung,

doch sehr oft (Insider...).

Nur weil ich falsch angefangen habe,

hindert *nichts* mich daran

richtig weiterzumachen.

Ich habe keine Angst!

Trümmerfrauenblues (1)

Un*berührbar*

fragile Herzen

aus Glas und Eis

Bitte

berühre sie

~~nicht~~

Un-....

UN-erreichbar

UN-genügend

UN-nahbar

un-GLÜCKLICH

UN-möglich

UN-erhört

zufrieden!

Deine Lücke

Deine Lücke

habe ich gefüllt

mit *Leben*

Feuerkind

Ich brannte,

brannte

so lange bis nichts mehr übrig war.

Nicht mehr als ein zäher Brei

aus Knochenmehl, Asche und Tränen

auf kaltem, dreckigen Beton.

Äonen später

rutschen alle Partikel zurück an ihren Platz.

Vermengt mit Liebe und Hoffnung

wuchs etwas Neues,

Starkes aus den Resten meiner Asche.

Lichtdurchdrungen

- *Feuerkind* -

geschmiedet

aus Schmerz und Tränen.

Aufbruch (4)

an dem ich wachse.

Jeden Tag *ein bisschen* mehr

Während ich aufbreche,

bersten meine Mauern,

geben mich frei.

Stück für Stück

breche ich aus,

aus starren Regeln.

Lasse mein altes Leben zurück.

Nur den besten Teil

nehme ich mit,

presse ihn fest an mein Herz.

So gewandelt,

erscheint nichts mehr

unmöglich.

Trümmerfrauenblues (2)

Fragile Herzen

aus Glas und Eis

un*berühr*t

zersplittern sie

Herzschläge verhallen

ungefühlt

dem Winter

entgegen

Jetzt ist die Zeit für Wunder

Es wird Zeit

für Wunder

und ich

laufe ihnen entgegen

Winternacht

Unter der kalten klaren

Winterluft

verbleibt trotz aller Schönheit

ein zarter Hauch

Verzagtheit

Winternachtmelancholie

Erinnerung an all' die

sehnsuchtsvollen Tage

und an all' die nicht gelebten

Chancen

Mehr als Worte (1)

Zwischen den Zeilen

abgeschwiffen

vom eigentlichen Sinn

ein Leben

für ein anderes

gibt es kein Zurück

der Weg

nach vorne

ist hell und frei

wie Silberworte am Horizont

Auf der Suche

Ruhelos

streift mein Geist

alleine durch die Nacht.

Greift hinaus in das Dunkel.

Auf der Suche.

Umgeben von Schatten

die sich sanft und zart

um meine Schultern schmiegen,

mich halten, wenn ich haltlos bin.

Irgendwo dort

muss es Antworten geben

auf all´ meine Fragen.

Wunderbar

Mein Wortschatz ist unzureichend

für all' die Geschichten

die das Leben noch schreiben wird.

Doch eines ist gewiss -

das Leben wird *wunderbar!*

Notizen an mich

Bleibe gelassen.

Lächle - auch wenn niemand es sieht.

Sei glücklich.

Mache täglich einen Menschen froh.

Sei gut zu dir selbst.

Vergiss nie neue Wege zu suchen.

Du bist wichtig.

So wie du es machst, ist es gut!

Dunkelheit

Inmitten der Nacht
fühle ich mich
niemals alleine.
Nicht unter all' diesen Sternen,
die wie freundliche Seelen
sanft über mich wachen,
bis die Dunkelheit weicht.
Und ich
wende mich stets dem Licht entgegen.

Step by Step

In der Länge

meiner Schritte

laufe ich

(m)einem

neuen Leben entgegen

Jenseits der Nacht

Ich lieb' die Nacht

und mich

allein

inmitten der Sterne

bleibt kein Raum

für Dunkelheit

jenseits der Nacht

genüg' ich mir nun

(endlich) selbst

Wortlos dich denken

Ich denke dich und mich

zwischen Zeilen

und glänzende Träume

wortlos

bis ich mir *trauen* kann

lass uns schweigen

mit wachsamen Augen

und offenem Herzen

oder *rette* dich

solange es geht

Herzworte

...irgendwann

hörte ich sie wieder,

die zaghaften Worte

meines Herzens

"Sei frei! Liebe!"

Dieses Mal

folge ich seinem Ruf.

Dem Leben entgegen

Unscheinbar war der Moment,

der die Sehnsucht neu entfachte.

Eine Begegnung.

Nicht mehr und nicht weniger,

doch ausreichend

dem Herz einen kleinen Stubser zu geben.

Ob der Weg das Ziel ist, weiß ich nicht.

Wie er verlaufen wird, ebenso wenig.

Und doch ist da *eine Option.*

Herzen können sich erholen,

können irgendwann heilen.

Gute Seelen können richten, was zerstört wurde.

Und so begebe ich mich abermals auf die Suche.

Meine Hände strecke ich empor,

mit geöffneten Handflächen.

Ich entblöße mein Inneres - wieder einmal.

Ungeschützt und nackt.

Dem Leben entgegen.

Nicht nichts

Am Ende vieler Tage
ergab alles einen Sinn.
Nicht *nichts* war geblieben,
alles war möglich.

Du (1)

Diese Leere

die deine Abwesenheit hinterlässt

ich möchte sie nicht missen

auch wenn die Welt zerbricht

Fluss*liebe*

All' diese Dinge

meine Geheimnisse

die ich dir

nicht sagen kann

habe ich dem Fluss erzählt

mit sachter Zunge

dem Strom übergeben

leise...leise

trägt er sie zu dir

einzelne Worte

flüstert er

in dein Ohr

und dann

wenn der Frühling kommt

wirst du sehen

es ist Liebe

Verbunden...

Alles geschieht gleichzeitig

ungesehen gelebt

Liebe und Schmerz

Begegnungen

Gutes und Schlechtes

Verlust und Neubeginn

fremde Menschen

treffen aufeinander

berühren sich

verändern den großen Weg

Verbindungen entstehen

und zerbrechen

Wege fächern sich auf

irgendwo

laufen alle Fäden zusammen

überschneiden sich

Wege offenbaren sich

in einer Sekunde

Leben

ist alles

mit allem verbunden

Nachtliebe

Die Sterne und du

der Mond und ich

die Nacht

tiefschwarz

beinahe spüre ich

ihren Puls

ihre Gier

so *frei*

voller *Leben*

mein Herz

gebe ich fort

ein weiteres Mal

so sehr

liebe ich die Nacht

so sehr

liebe ich

Mehr als Worte (2)

Unberührt

meine Lippen

kein Kuss

keine Silben

nur Stille

und Herzschläge

und Haut

und Sehnsucht

heute und morgen

und irgendwann

vielleicht wir

Du und ich

sind nicht zielführend

deine Hände

finden (noch) nicht zu mir

zusammen

wären wir *Poesie*

nicht nur einzelne Worte

auf grauem Papier

doch ich gebe nicht auf

schreibe mich weiter

direkt in dein Herz

du wirst schon sehn'

WhatsApp

Das Schönste ist manchmal

nicht deine Nachricht zu lesen,

sondern die Vorstellung der Worte

die du an mich gerichtet haben könntest.

Den Finger schweben lassen,

über dem Chat.

Nicht die Zeilen berühren.

Randnotiz

Wollt' dir nur noch sagen

ich hab' dich echt gern ;-)

Über die Liebe

Mich betrinken

an deinen Lippen

dich flüstern hören

über die Liebe

mit dem Frühling erwachen

und niemals mehr

gehen müssen

Komet (1)

Drei weitere Bitten

schreib' ich in den Himmel

Sternschnuppenwünsche

in silbernen Lettern

gezeichnet auf dunklem Grund

und noch bevor ihr gefallenen Sterne

eure glitzernden Bahnen zu Ende zieht

puste ich dir - Wunsch Nummer drei -

im Traum ganz sachte Sternenstaub

von den Lippen

halte den zweiten Wunsch

in meiner Hand

und presse den ersten Wunsch

fest an mein Herz

Komet (2)

Und ich denke mir

zwei von drei Wünschen

sind gar nicht so schlecht

doch Wunsch Nummer drei

ist *alleine für mich*

und so wünsche ich mir

ein weiteres Mal

eine Sternschnuppe herbei

groß muss sie nicht sein

auch nicht besonders hell

nur mutig genug

diesen Wunsch zu tragen

ein klein wenig

magisch vielleicht

und dann gebe ich ihn frei

Wunsch Nummer drei

Lucide Träume

Greifbar

Du

in meinen Träumen

doch

gelingt die Berührung

(noch) nicht

So einfach...

Eine Sternschnuppe

meinen Wunsch zu tragen

Mut ihn zu entsenden

ein wenig Magie

ihn zu erfüllen

und genug Hoffnung

für uns beide

so einfach wäre das

hörst du Universum?

Leere Worte

Vielleicht ist irgendwo alles aufgeschrieben.

Das hier mit uns - mit dir und mir.

In einem dicken Buch,

auf den letzten Seiten.

Die Schrift bereits verblasst,

auf brüchigem Schicksalspapier.

Irgendwo steht dieses Buch.

In einem staubigen, vergessenen Raum,

in einem alten Regal.

Niemand erinnert sich mehr.

Nicht an den Raum oder das Regal

oder dieses Buch.

Auch nicht an die Seiten,

zwischen die uns das Schicksal einst schrieb.

Nicht einmal das Schicksal selbst.

Nicht einmal mehr wir.

Und weil niemand davon weiß -

auch nicht das Schicksal selbst -

und niemand unsere Geschichte liest -

auch nicht wir -

kann sie niemals geschehen.

So bleiben wir nichts weiter

als leere Worte auf brüchigem Papier.

Verborgen

zwischen Staub und Schatten.

Sonntags im Park

(für einen Freund)

Ich habe gelernt, dass das Leben

sich nicht kontrollieren lässt.

Ich habe gelernt loszulassen,

auch wenn es schwer ist.

Mut hat viele Gesichter - Liebe auch.

Ich glaube fest daran,

dass nichts ohne Grund geschieht.

Fremde betreten unser Leben,

manche huschen einfach hindurch,

andere hingegen *berühren* uns und bleiben.

Ich weiß jetzt, dass ich Menschen nicht besitzen kann

und das ist gut so.

Problemen gebe ich nicht mehr so viel Raum -

Chancen hingegen schon.

Es ist nicht schlimm, an manchen Tagen traurig zu sein,

solange ich das Glück an allen anderen Tagen

genießen kann.

Ich habe gelernt zu lieben,

ohne besitzen zu wollen.

Meine inneren Narben gehören zu mir,

sie sind ein Zeichen von Stärke,

deshalb trage ich sie mit Stolz.

Es ist in Ordnung kompliziert zu sein.

Freundlichkeit ist stets ein guter Begleiter.

Immer (1)

Unter meinen Flügeln

biete ich dir Raum

wenn du ihn möchtest

dein *safe place*

auch wenn die Welt zerbricht

lass' ich deine Hand nicht los

Wünsche

Meine Wünsche

verriet ich einst dem Fluss

dann gefallenen Sternen

die sie forttrugen

auf ihrer weiten Himmelsbahn

am Ende überließ ich sie dem Wind

der sie in Träume trug

die mir fremd blieben

Phönix

Wieder werde ich brennen,

ein weiteres Mal

im Feuer vergehen.

Wieder werde ich mich wandeln,

durch Asche und Tränen.

Wieder werde ich mich erheben,

dem Feuer trotzen.

Mit weiten Schwingen,

dem Leben entgegen.

Immer (2)

Hör nur

wie der Regen fällt

leises Klopfen auf Glas

wie schneller Herzschlag

und bei "Herzschlag"

denk ich an dich

lausche meinem Herzen

beim Gedanken

an deinen Namen

schließe ich die Augen

immer

wenn der Regen fällt

Vielleicht...

Zeile für Zeile

lösche ich dich

den Tag im Park

die Sehnsucht am Fluss

jede Nachricht

jeden Traum

dann ziehe ich weiter

wiederhole deine Worte

in meinem Kopf

ein unheiliges Gebet

jeden Blick

jeden Atemzug

entferne ich *(mich)*

lasse los

lausche ein wenig

dem Widerhall des Gesagten

um dann eines Tages

ein Schatten zu sein

ein blinder Fleck

in deinen Gedanken

Erinnerung an Wärme

vielleicht

wirst du dann verstehen

Loslassen

Irgendwann lasse ich

dich gehen

Fingerspitzen

die sich nie berührten

sorgsam bedeckte Haut

nur die Seele

ungeschützt und nackt

ich habe verstanden

deine Worte

ihr Klang hallt nach

wie ein Gebet

rinnt als schaler Geschmack

meinen Rachen entlang

dann schneide ich dich

aus mir heraus

bin erstaunt

dass es kaum blutet

loslassen

weitergehen
kein Blick zurück
wirklich
kein Blick zurück

Bald

Traum

Ein Traum in einem Traum

sah ich dich

und mich

ein Leben

es wäre gut gewesen

kein loderndes Feuer

doch eine sanfte Flamme

Frühlingssonne

fabelhaft frei und leicht

wie atmen

doch dann lausche ich

dem Widerhall des Gesagten

schmecke

den Klang deiner Stimme

tief in mir

klingt es nach

dieses *nein*

dass mir sagt

du willst mich nicht

in deinem Leben

es ist in Ordnung

obgleich es mir

den Atem nimmt

ich habe geträumt

ich lächelte dabei

obwohl Salz meine Kehle

hinabrinnt

doch ich lächelte

immer noch

während die Sehnsucht

mich zerbrach

ich sollte weitergehen

dir meine Fingerspitzen entziehen

mich retten

nicht an dich denken

weder in der Früh

noch am Abend

noch zwischendurch

nicht länger warten

nicht hoffen

dir nicht mehr schreiben

nicht mehr lesen

was du mir schreibst

diese kleinen Nichtigkeiten

die mir alles bedeuten

dir jedoch nichts

Krumen die du mir hinwirfst

während die Zeit vergeht

ich sollte den Fluss anbetteln
dich vergessen zu können
oder mich zu nehmen
ganz und gar
doch ich schweige
trotze dem Sturm

immer

die Sehnsucht
die Hoffnung
der Mut
ich
und neu

Die Freiheit!

Loslassen *anders*

Ich halte dich

fest

bei mir

nicht umklammert

öffne dir

eine weitere Tür

dann lassen wir los

mein Herz und ich

von der Idee

dich loszulassen

Du (2)

Du bist mir Heimat

fern und verborgen

hinter gläsernen Mauern

doch fühle ich Heimat

in deiner fremden Nähe

mein Herz schlägt sanft

in einem neuen Rhythmus

dir Heimat so nah

und doch

so unendlich fern

Dein Name (2)

Mein Kopf ist voller Worte

doch mein Herz

flüstert nur einen Namen

so schweigt der Kopf

lauscht

den Trommelschlägen der Herzsilben

gestaltet aus Buchstaben

deinen Namen

während Worte

wortlos warten

Du (3)

Du wirst dich anfühlen

wie *Frühling*

auf meiner Haut

Weil ich *dich* sehe

Ich sehe *dich*

deine Augen

die mich ansehen

mal *so* und mal *so*

deinen Mund

wie er zu mir spricht

auch wenn ich die Worte

manchmal nicht höre

weil ich dich sehe

versinke

in Augen und Mund

und nicht verstehe

Nach dem Vermissen

öffne ich

Türen und Fenster

fülle Risse und Lücken

erfinde mich neu

ein weiteres Mal

denn ich weiß ja

dies ist kein Ende

nur ein neuer Beginn

vielleicht

darf ich nächstes Mal

bleiben

Mein Märchen

Ich lese

zwischen den Zeilen

lausche

dem Wind

sehne mich

zu dir

schreibe

mein Märchen selbst

Wo meine Muse wohnt

Zwischen *zerfühlten* Laken
und der Sehnsucht.
In einer lauen Sommernacht
und in den Gedichten,
die mir ein freundlicher Fremder
einst täglich schrieb.
In den Schatten
zwischen Tag und Nacht.
Sie wohnt zwischen den Sternen
und dem Mond,
die mich in vielen Nächten verzaubern
und in der Dunkelheit
zwischen zwei Träumen.
Zwischen Hoffnung und Tränen
und manchmal auch
in einem guten Glas Wein.

Ankommen

Vom Weg abgekommen

bin ich nicht

- *auch wenn du das denkst* -

vielmehr bin ich endlich

angekommen

ganz bei mir

kein verbiegen mehr

kein verbergen

nur noch ich

so wie ich bin

und du

- *wenn du dich traust* -

mir zu trauen

Anker

Im Zwielicht des neuen Tages
der noch mehr Schatten ist
als Licht
sehe ich plötzlich alles ganz klar

ein Tropfen Karamell
in meinem Kaffee
ein bisschen Milch dazu
viele Gedanken später
- ich rühre noch immer um -
gelingt es mir
den Sinn zu erfassen

und ich verstehe
das mit dem Anker
in stürmischer See

Die Fremde

Winterkalt erstarrt

die Sehnsucht

ich sehe meine Stadt

mit den Augen einer Fremden

Vogelschwärme

unter grauem Himmel

ruhelos treibt es mich um

in der kalten klaren Luft

während die Stadt erwacht

und ich *die Fremde*

will mich neu erfinden

Kaffee

immer wenn uns Worte fehlen

meiner ungesüßt mit Milch

deiner mit viel Zucker

und dann gehst du

trinkst aus

lässt deine Tasse einfach stehen

wortlos

klebt der Zuckerrest am Boden

während mir

Worte aus den Fingern rinnen

Schluck für Schluck

und eine Tasse längst nicht reicht

schreibe ich

mich auf

Wenn ich liebe

Weil schreiben

atmen ist

weil schreiben

Anfang und Ende

von Sehnsucht ist

weil ich nur *ich* bin

wenn ich schreibe

so ist es auch

wenn ich *liebe*

Dich

in mein Leben denken

oder mich in ein anderes

fühlen

so oder so

liebe ich

Poesie und Fantasie

und all'

die wundervollen Träume

Du bleibst

eine weitere

leere Seite

in meinem Buch

doch *die Rebellin* in mir

kritzelt heimlich

kleine Herzchen

auf dein weißes Blatt Papier

Ungesagt

Gerade als sie dachte,

es wäre alles gesagt,

fand sie den Mut

weiterzulieben.

So, als ob er diese Worte

bereits zu ihr gesprochen hätte.

Weitere Titel

„entbrannt"
Lyrik und Texte
Carmen Voss

Taschenbuch, 106 Seiten
ISBN-13: 978-3-7534-6506-7

eBook
ISBN-13: 978-3-7534 5213-5